임진한 프로의 개인 레슨

임진한의 골프가 쉽다

임진한 지음

[들어가는 글]

지금까지 오랜 시간 레슨을 하면서 골프가 생각대로 되지 않아 고민하고 힘들어하는 분들을 많이 보아 왔습니다. 하지만 대부분의 아마추어 골퍼는 잘 치고 싶다는 욕심만 앞설 뿐, 잘 치기 위한 준비 혹은 배우기 위한 준비가 되어 있지 않습니다.

골프의 기본 스윙을 익히고 샷 기술을 배우기 위해서는 우선 생각을 바꿔야 합니다. 생각을 바꾼다는 것은 지금까지의 나를 버리는 것입니다. 나를 버리고 골프를 만나면 골프와 금방 친해질 수 있습니다.

의심하고 벽을 쌓고 혼자 오해하면 골프는 점점 멀어질 뿐입니다. 지금까지 쌓아 온 골프에 대한 선입견을 버리세요! 그리고 골프를 향해 마음을 열어 보세요!

이제 골프와 친해질 준비가 되셨나요? 그렇다면 지금부터 임진한과 함께 신나는 골프 한 번 즐겨 보시기 바랍니다.

프로 골퍼 임 진 한

[차례]

01 "스윙이 안 되면 처음으로 돌아가라"
스윙의 기본...7

스윙의 원리 – 골프를 잘 치려면 스윙의 원리를 알아야 한다...8
그립 – 골프와의 첫 악수, 그립이 틀어지면 스윙도 무너진다...18
어드레스 – 스윙의 시작...24
테이크어웨이 – 볼을 치기 위한 시동...30
백스윙 – 가장 고민이 많은 동작...34
다운스윙 – 체중 이동이 만드는 리듬 ...40
임팩트 – 골프에서 가장 중요한 동작...46
팔로스루 – 스윙의 밸런스를 확인하는 동작...54
피니시 – 스윙을 완성시키는 마지막 밸런스...56

02 "화려한 쇼를 위한 준비"
드라이버 고민 해결...61

드라이버 준비자세 – 생각하는 장소를 만들자! ...62
드라이버 슬라이스 – 원인을 알아야 바로잡을 수 있다!...68
드라이버 훅 – 필드에서 고치는 속성법...86
드라이버 장타 비법 – 멀리 보내고 싶다면 힘을 빼라...104
낮은 탄도의 드라이버 샷 – 바람을 이기는 무기...108
높은 탄도의 드라이버 샷 – 바람을 이용하는 무기...112
페어웨이 우드 샷 – 미스 샷을 줄이는 방법...116

03 "온 그린을 위한 전략"
아이언 샷의 비밀...123

왼발이 낮은 내리막에서의 아이언 샷 – 경사지에서도 굿 샷을 날릴 수 있다!...124
왼발이 높은 오르막에서의 아이언 샷 – 경사지에서도 굿 샷을 날릴 수 있다!...132
스탠스보다 공이 낮은 상황에서의 아이언 샷 – 공이 멀리 있다고 마음까지 멀어지면 안 된다!...136
스탠스보다 공이 높은 상황에서의 아이언 샷 – 쉽게 치려다가 어렵게 갈 수 있다!...140
디봇에서의 아이언 샷 – 불안함과 억울함이 실수를 만든다...144
생크 해결법 – 그 분을 몰아내자!...148
긴 풀에서의 아이언 샷 – 방법을 알면 샷이 쉬워진다!...154

04 "파 세이브를 위한 전략"
타수를 줄이는 어프로치 샷...159

어프로치 샷 기본자세 – 가장 안정적인 작은 스윙...160
런닝 어프로치 샷 – 홀을 공략하는 가장 확실한 방법...168
긴 풀에서의 어프로치 샷 – 긴 풀에 갇힌 공을 구하라!...174
로브 샷 – 아름다운 독!...180

05 "모래와의 전투"
위기를 기회로! 벙커 샷...189

벙커 샷의 기본자세 – 전투 앞에 당당한 용사가 되자!...190
한쪽 발이 높은 상황에서의 벙커 샷 – 경사지에서 당황하지 말자!...202
모래에 박힌 벙커 샷 – 모래에 묻힌 공을 구하라!...212
페어웨이 벙커 샷 – 어려운 샷일수록 스윙은 천천히!...216

06 "홀의 전쟁"
스코어를 줄이는 퍼팅...221

퍼팅의 기본자세 – 기본부터 점검하자!...222
롱 퍼팅과 숏 퍼팅 – 연습만이 살 길!...230
입스 해결법 – 불안함을 이겨내라!...234

부록 필드 밖에서 하는 연습법 & 라운드 기본 에티켓...236

임진한의 골프가 쉽다

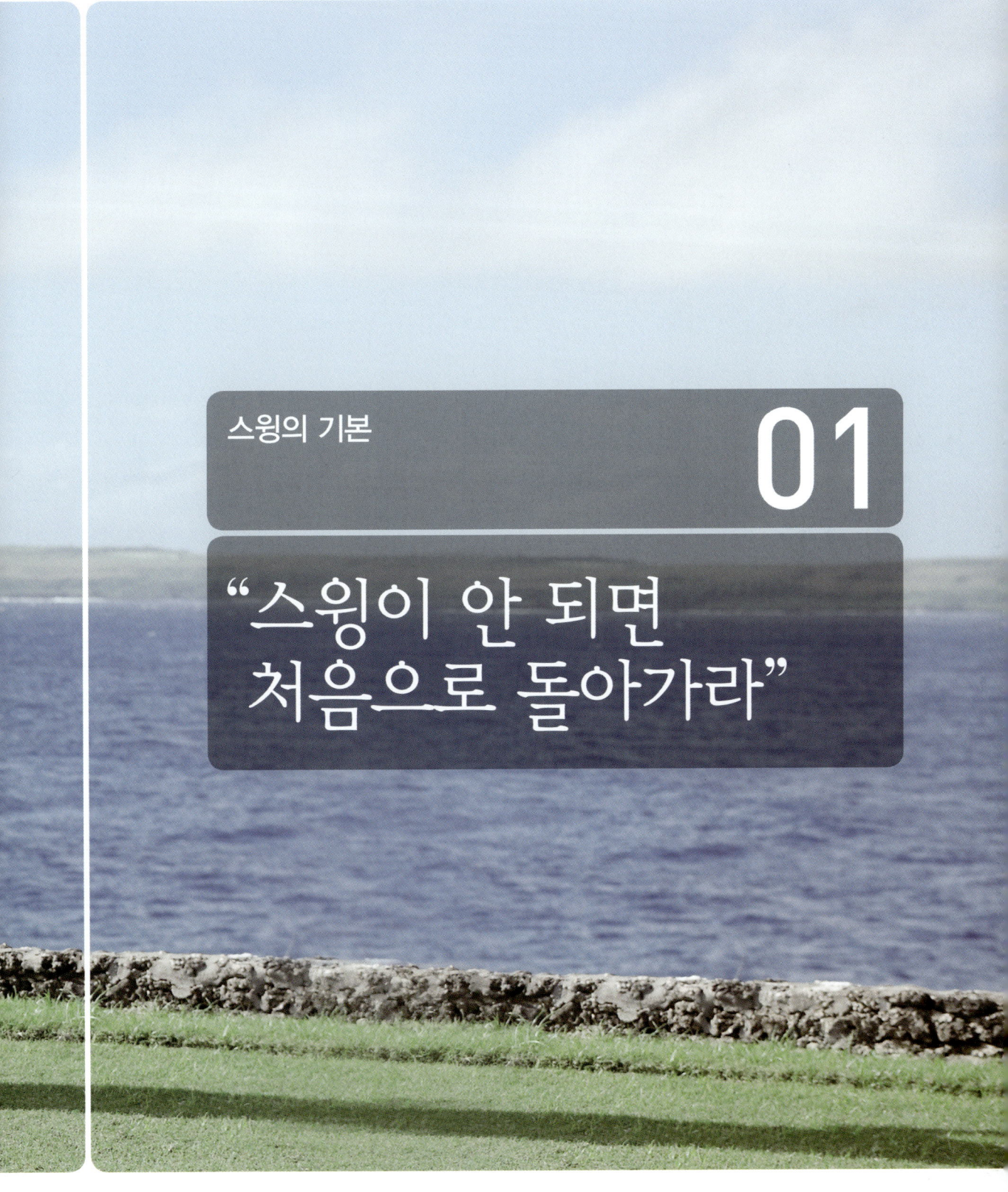

스윙의 기본 01

"스윙이 안 되면
처음으로 돌아가라"

스윙의 원리 – 골프를 잘 치려면 스윙의 원리를 알아야 한다

"골프, 잘 치고 싶은데 뭐가 문제인지 모르겠어요"

뭐가 문제인지 모르겠다는 건 스윙의 밸런스가
전체적으로 무너진 것이라고 볼 수 있습니다.
이런 경우에는 먼저 스윙의 원리부터 정확히 이해하고
자신의 문제점을 찾아야 합니다.
그럼 지금부터 스윙의 원리에 대해 알아볼까요?

스윙의 원리 ①
헤드 무게를 이용한 진자 운동

헤드 무게를 느껴 봅시다.
클럽 앞쪽에 무거운 물체를 달고 흔들어 보면 진자 운동에 의한 무게감을 느낄 수 있습니다.

테니스공을 이용해 흔들어 본 모습

악력의 풀 파워를 10으로 했을 때 프로 골퍼들의 그립 악력은 5~7

프로 선수는 그립을 강하게 잡아도 임팩트 시 힘을 빼는 능력이 있지만, 연습량이 없는 아마추어 골퍼가 그립을 강하게 잡으면 임팩트 시 더욱 힘이 들어가게 되어 헤드 무게로 볼을 칠 수 없습니다.

프로의 악력 : 악력 5~7
가볍게 잡은 그립

풀 파워 악력 : 악력 10
힘이 많이 들어간 그립

헤드 무게로 하는 임팩트
임팩트 순간 손목의 힘을 빼야 헤드 무게로 임팩트할 수 있습니다.

손목에 힘이 들어간 임팩트
손목에 힘이 들어가면 임팩트 시 몸에도 힘이 들어갑니다.

헤드 무게를 느끼는 스윙 연습법
A4 용지를 그립 굵기로 말아서 풀스윙을 해보면 그립 악력이 적정한지 확인할 수 있습니다. A4 용지가 구겨지지 않게 풀스윙하면서 헤드 무게를 느끼는 스윙을 익혀 봅시다.

그립을 가볍게 잡아야만 헤드 무게로 스윙할 수 있습니다.

A4 용지가 구겨지면 힘을 빼지 못한 스윙입니다.

스윙의 원리 ②
오른발 → 왼발
체중 이동을 통한 스윙

체중 이동이란 백스윙에서 다운스윙으로 이어질 때 오른발에서 왼발로 체중을 옮기는 동작을 뜻합니다.

체중 이동이 잘 되면 머리 위치가 어드레스 때와 같아집니다.

오른발에 체중을
충분히 실은 후
다운스윙을 시작하세요.

BAD 체중이 왼발에 있으면 상체가 들리고 머리가 올라갑니다.

스윙을 빨리 하면 체중 이동을 느낄 수 없습니다.

체중 이동 연습법
왼발을 들었다가 땅을 밟으면서 스윙하면 체중 이동을 확실하게 느낄 수 있습니다.

오른발에 완전히 체중을 실었다가 →

왼발로 체중 이동!

스윙의 원리 ③
몸통 회전을 통한 스윙

아마추어 골퍼가 가장 범하기 쉬운 실수는 팔로만 스윙하는 것!

몸통 회전 연습법

가슴에 두 손을 교차시켜 얹고 어드레스 후 천천히 백스윙 → 임팩트 → 피니시 동작으로 진행하세요. 이러한 연습을 통해서 부드러운 몸통 회전을 익힐 수 있습니다.

두손 얹고 어드레스 / 백스윙

그립 – 골프와의 첫 악수, 그립이 틀어지면 스윙도 무너진다

*"손이 작은데 어떤 그립을
잡아야 할까요?"*

골퍼들이 가장 지나치기 쉬운 요소, 그립!
골프 그립은 자신이 편하게 스윙할 수 있는 것이
가장 좋은 그립이며 그립을 선택할 때에는
손의 크기, 힘의 세기, 유연성을 체크한 후 결정해야 합니다.
자, 그럼 지금부터 자신에게 맞는 그립을 찾아봅시다!

그립의 종류

인터로킹 그립
손이 작거나 손가락이 짧은 사람에게 유리하지만 왼손이 위크 그립이 될 수 있으므로 슬라이스를 주의해야 합니다.

오버래핑 그립
가장 일반적인 그립으로 두 손의 일체감이 뛰어납니다.

베이스볼 그립
손힘이 약하거나 유연성이 부족해 손목이 뻣뻣한 사람, 왼손잡이 골퍼에게 유리합니다.

올바른 그립 익히기

자신에게 가장 잘 맞는 그립을 선택했다면 제대로 그립하는 것이 중요합니다.

왼손 그립의 V자 끝은 언제나 오른쪽 어깨를 향하게 정렬하세요.

왼손 그립의 V자가 왼쪽 어깨를 향하면 슬라이스가 발생합니다.

BAD

그립 포인트

손목에 힘을 주고 그립하면 파워가 반감됩니다.

포인트 ①
스트롱 그립을 잡는 것이 거리와 정확성을 높이는 데 유리합니다. 왼손 그립을 위크하게 잡으면 슬라이스가 날 수 있습니다.

포인트 ②
그립을 가볍게 잡으면 양팔의 힘을 자연스럽게 뺄 수 있고 어깨에도 힘이 들어가지 않습니다.

손바닥으로 그립을 잡는 것이 슬라이스의 원인이 됩니다.

BAD

포인트 ③
그립은 왼손 그립이 중요합니다. 손바닥이 아닌 손가락 세 번째 마디로 잡는 것이 좋습니다.

그립을 잡는 강도

- 여성 골퍼는 두부를 잡고 있는 느낌의 강도
- 남성 골퍼는 홍시를 잡고 있는 느낌의 강도

그립의 강도만 조절하면 편안한 스윙이 가능합니다. 프로 선수들은 그립을 강하게 잡아도 임팩트에서 손목의 힘을 뺄 수 있지만 연습량이 적은 아마추어 골퍼들은 그립을 부드럽게 잡아야 임팩트에서 강한 파워를 낼 수 있습니다.

그립 23

어드레스 - 스윙의 시작

"프로 골퍼와 같은 멋진
어드레스 자세를 만들고 싶어요"

줄리어스 보로스(Julius Boros)가 말했지요.
"리드미컬하게, 마치 댄스의 스텝을 밟는 것처럼 어드레스하라"
지금부터 스윙을 위한 가장 좋은 자세를 만드는 과정을
단계별로 밟아 봅시다.

올바른 어드레스 익히기

어드레스를 바르게 해야 좋은 스윙과 임팩트가 나올 수 있습니다.

스탠스 폭은 자신의 어깨 넓이!
단, 상체가 발달한 골퍼는 기본 스탠스보다 넓게 서는 것이 좋습니다.

발 안쪽을 기준으로 어깨너비가 되도록 섭니다.

무릎, 엉덩이, 어깨 라인을
평행하게 정렬하세요.

BAD

훅 발생

왼쪽 어깨가 앞으로 나오는 어드레스는 인사이드-아웃의 스윙 궤도를 만들기 때문에 훅이 발생합니다.

BAD

슬라이스 발생

반대로 오른쪽 어깨가 앞으로 나오면 아웃사이드-인이 되어 슬라이스가 발생합니다.

몸의 올바른 정렬을
스스로 느끼는 것이 중요합니다.
평소에 맨손 어드레스 연습을 많이 하세요!

몸의 방향

볼을 보내야 할
목표 방향

내 몸이 목표보다 왼쪽을
보고 있어야 정확한
어드레스입니다.

공과 몸 역시 평행하게 정렬하세요.

어드레스 **29**

테이크어웨이 – 볼을 치기 위한 시동

*"백스윙을 할 때
시작 동작이 어색해요"*

스윙 동작에서 혼란이 많은 동작 중의 하나가 바로
테이크어웨이입니다. 고속도로에서 처음 길을 잘못 들면
돌아 나오기가 힘들 듯이 스윙에 있어서도 첫 출발이 잘못되면
올바른 스윙 궤도를 만들 수 없습니다.
작지만 중요한 동작, 테이크어웨이!
지금부터 완전 정복을 해봅시다!

올바른 테이크어웨이 익히기

테이크어웨이는 백스윙의 시작 동작으로 골반 높이까지의 스윙입니다.

좋은 스윙을 만드는 테이크어웨이

그립이 골반 높이에 올 때까지 헤드, 그립, 어깨가 하나가 되어 움직여야 합니다.

훅 발생

클럽페이스가 너무 볼을 보고 올라가게 되면 훅이 나거나 볼의 탄도가 낮아집니다.

슬라이스 발생

손목 코킹을 너무 빨리 하면 백스윙 폭이 좁아지고 다운스윙 시 손목이 빨리 풀려 버립니다. 그로 인해 체중 이동도 제대로 이루어지지 않으며 스위트 스폿에 볼이 맞지 않고 거리와 방향이 나빠집니다.

테이크어웨이 확인법

클럽이 지면과 수평을 이루는 순간 클럽페이스가 몸의 정면을 향하고 있으면 올바른 테이크어웨이입니다.

테이크어웨이 맨손 연습법
맨손으로 양 손바닥이 마주보도록 테이크어웨이 연습을 하면 클럽페이스가 정면을 향하는 바른 자세를 익힐 수 있습니다.

올바른 테이크어웨이가 좋은 백스윙을 만듭니다. 시간이 날 때마다 꾸준히 맨손 연습을 하세요!

왼손의 손등과 오른손 손바닥이 정면을 향하도록!

BAD

백스윙 - 가장 고민이 많은 동작

"프로 골퍼마다 알려주는 백스윙 방법이 달라서 어떤 걸 따라해야 할지 고민입니다"

세상에는 정말 많은 레슨 서적과 레슨 동영상이 있습니다.
그리고 티칭 프로, 레슨 프로도 많죠.
그 많은 레슨 중 어느 것이 '맞다' 혹은 '그르다'라고 할 수는
없습니다. 중요한 것은 백스윙의 기본을 이해하고
자신의 몸에 맞게 체득하는 것입니다.
그럼 지금부터 함께 고민을 해결해 볼까요?

올바른 백스윙 익히기

클럽 양 끝을 손으로 잡고 목 뒤 어깨에 얹은 상태에서 백스윙 연습을 하면 오른쪽 어깨와 왼쪽 어깨를 똑바로 회전시킬 수 있습니다.

왼쪽 어깨가 볼 위치에 왔을 때 체중의 80~90%는 오른발로 이동해야 합니다.

BAD 체중 이동이 이루어지지 않으면 볼을 찍어치게 될 우려가 있습니다.

맨손 연습을 통해
먼저 백스윙 동작을
체득해 보세요!

백스윙의 탑에서
오른쪽 상체는 힘이
빠진 상태여야 합니다.

백스윙의 탑에서 무릎에
반동을 주면 몸에 힘이 빠지는
것을 느낄 수 있습니다.

양 무릎으로 약간의 상하 반동을 주면서
상체의 힘을 빼는 연습을 하면
바른 백스윙 자세를 익힐 수 있습니다.

BAD 백스윙 탑에서 체중이 왼발에 남아 상체가 왼쪽으로 넘어가는 '리버스 피봇' 자세가 되면, 체중 이동을 하지 못하고 상체를 덮어 쳐 훅이 나거나 볼 밑의 티를 치게 되어 높은 볼이 나게 됩니다.

다운스윙 – 체중 이동이 만드는 리듬

"연습 스윙과 본 스윙이 달라요 왜 공만 보면 흥분해서 달려들까요?"

많은 아마추어 골퍼들이 연습 스윙은 정말 부드럽게 잘합니다.
하지만 어드레스에 들어가서 스윙을 시작하면
리듬이 빨라지고 공을 때리려는 욕구가 강해집니다.
아무리 백스윙을 잘해도 공을 때리겠다는 마음으로
다운스윙을 하면 결코 좋은 결과를 얻을 수 없습니다.
지금부터 리듬과 템포로 하는 다운스윙을 배워 봅시다.

다운스윙의 시작은 '손'이 아닌 '체중 이동'

오른발 → 왼발로 체중을 이동시킵니다.
체중 이동이 이루어지면 클럽은 자연히 따라옵니다.

클럽헤드로 공을 맞히려고 하면 다양한 실수를 유발할 수 있습니다.

손목 코킹을 최대한 유지한 상태로 임팩트를 해야 거리를 낼 수 있습니다.

BAD

다운스윙 연습법 ①

그립 끝을 길게 연장해서 스윙하면 체중 이동과 다운스윙을 확실히 익힐 수 있습니다.

손목 각도를 유지하는 최고의
연습 방법으로, 다운스윙 시 손목이
빨리 풀리는 것을 감지할 수 있습니다.

다운스윙 연습법 ②

클럽 없이 맨손으로 연습할 경우 왼발을 떼었다가 지면을 밟으면서 스윙 연습을 하세요.

체중 이동은 골프 스윙에서 매우 중요한 동작입니다.

많은 골퍼들이 볼을 바로 보내는 데 집중하느라 체중 이동에 신경을 쓰지 못하는 경우가 많습니다. 그러므로 평소 꾸준한 훈련을 통해 체중 이동을 확실히 몸에 익혀두어야 합니다.

꾸준히 연습하면 임팩트 순간 체중과 헤드 무게가 하나가 되어 볼에 힘을 실을 수 있습니다.

임팩트 – 골프에서 가장 중요한 동작

"어떻게 해야 공을 잘 때릴 수 있나요?"

이 세상에 존재하는 사람의 수만큼 다양한 스윙이 존재합니다. 스윙은 지문과 같아서 '스윙이 같은 사람은 없다'는 말도 있지요. 그리고 이 진리는 프로 골퍼에게도 통합니다.
그렇다면 어떻게 프로 골퍼들은 각기 다른 스윙으로 똑같이 멋진 결과를 만들 수 있을까요? 비밀은 임팩트에 있습니다.
지금부터 그 비밀을 여러분께 공개합니다!

클럽별 볼의 위치

임팩트를 살펴보기 전에 클럽별 볼의 위치를 먼저 알아봅시다.

볼의 위치에 따라 임팩트 방법 또한 달라집니다.

PW 7I 5I Driver

클럽이 길어질수록 공의 위치는 왼발 쪽으로 이동합니다.

드라이버 임팩트
임팩트란 클럽페이스로 정확하게 공을 가격하는 동작입니다.

임팩트 시 머리가 볼보다 뒤에 있어야 임팩트 후 손이 아닌 클럽헤드가 먼저 나가게 됩니다.

BAD 임팩트 순간 머리가 공보다 앞쪽에 있으면 무조건 실수가 발생합니다.

아이언 임팩트

아이언 샷은 드라이버 샷과 볼의 위치가 다르기 때문에 임팩트 방법 또한 다릅니다.

아이언 샷은 내려치는 샷

아마추어 골퍼들이 아이언 거리가 짧고 볼의 방향성이 나쁜 이유는 임팩트 후 클럽헤드가 너무 빨리, 높게 들려 버리기 때문입니다.

아이언 샷에서 볼을 똑바로 멀리
보내기 위해서는 임팩트 후
클럽헤드를 지면에서
낮게 가져가는 것이 중요합니다.

아이언 연습법

클럽헤드를 낮게 보내는 연습법

볼에서 20cm가량 앞쪽에 티를 놓고 임팩트 후 클럽헤드로 앞의 티를 함께 치는 스윙 연습을 하면 볼을 띄울 수 있고 거리와 방향성도 좋아집니다.

공 앞에 티를 놓고 연습해 보세요.

연습장에서 클럽헤드를 낮게 보내는 연습을
꾸준히 실시하면 많은 도움이 됩니다.

팔로스루 – 스윙의 밸런스를 확인하는 동작

"팔로스루는 어떻게 해야 하나요?"

아마추어 골퍼들이 가장 어려워하면서 좀처럼 잘하지 못하는 동작이 바로 팔로스루입니다. 공을 똑바로 멀리 치고 싶다면 이 팔로스루를 제대로 할 줄 알아야 합니다.
머리가 아닌 몸으로 느끼는 팔로스루를 지금부터 배워 봅시다.

올바른 팔로스루 익히기

팔로스루는 임팩트를 하고 난 후 팔을 뻗어주는 동작입니다. 팔로스루가 정확해야 좋은 스윙이 이루어집니다.

드라이버

임팩트 후 양팔이 펴지면 올바른 팔로스루입니다.

아이언

임팩트 후 그립 끝이 자신의 배꼽을 향하면 정확한 팔로스루가 이루어진 것입니다.

피니시 – 스윙을 완성시키는 마지막 밸런스

"제 스윙에는 프로 골퍼와 같은 피니시가 없어요"

많은 아마추어 골퍼들이 공을 치고 나면 거기서 멈춰 버리는 스윙을 하며, 유연성이 떨어질수록 이 같은 현상이 특히 많이 발생합니다. 피니시는 스윙을 완성하는 마지막 동작인 만큼 피니시을 하느냐 하지 않느냐에 따라 결과도 달라집니다. 지금부터 멋진 피니시를 익히기 위한 연습법을 배워 봅시다.

올바른 피니시 익히기

피니시는 체중 이동과 밸런스를 완성시키는 가장 중요한 동작입니다.

체중이 왼발에 완전히 실려 있어야 올바른 스윙이 이루어진 피니시입니다.

체중이 오른발에 있으면 거리도 나지 않고 볼을 띄우지 못하는 결과를 초래할 수 있습니다.

피니시 연습법

왼발을 들면서 하프스윙 후 피니시를 완성하세요.

연습장에서 볼만 치지 말고 피니시 동작을 만들어 보세요.
스윙을 할 때에는 자신의 동작을 직접 볼 수 없기 때문에
스윙이 제대로 되었는지 확인하기가 쉽지 않습니다.
이때 피니시 자세를 보면 자신의 스윙을 판단할 수 있습니다.
피니시 자세에서 중심을 잡으면 스윙이 잘 되었다는 증거입니다.

스윙의 크기를 점점 키우면서 연습을 진행하세요.

피니시 연습을 하기 위해서는 처음부터 풀샷을 하지 말고 50% 크기의 백스윙으로 볼을 치고 피니시를 합니다. 그리고 다시 70%의 백스윙, 그리고 90%의 백스윙, 마지막으로 100% 크기의 백스윙을 하고 피니시를 하는 연습을 해보세요. 피니시 중심을 잡는 데 많은 도움이 됩니다.

임진한의 골프가 쉽다

드라이버 고민 해결 **02**

"화려한 쇼를 위한 준비"

드라이버 준비자세 – 생각하는 장소를 만들자!

"드라이버만 잡으면 심장이 요동치고 맥박이 빨라집니다"

연습장에서 연습 스윙만 하다가 필드를 나가면 가슴이 뛰고 오늘 내가 몇 타를 칠 수 있을까 하는 기대감으로 설레게 됩니다. 그리고 그 떨리는 첫 샷의 운명은 바로 드라이버가 결정하게 되지요. 하지만 지나치게 흥분된 기분으로 첫 스윙을 하게 되면 결과는 실망스러울 뿐입니다. 지금부터 요동치는 심장을 진정시킬 수 있는 준비 자세에 대해 배워 봅시다.

좋은 샷을 날리고 싶다면, 먼저 생각하고 전략을 정한 후 어드레스에 들어가면 바로 시행!

공 뒤에서 코스를 보며 자신의 스윙 템포를 떠올려 보세요! 그리고 어드레스하면 바로 시행하세요!

샷을 하기 전, 골퍼들에게는 가상의 BOX 두 개가 있습니다. 하나는 생각하는 BOX이고, 하나는 시행하는 BOX입니다. 생각하는 BOX는 공 뒤에서 코스를 바라보며 어디로 어떻게 쳐야 할지를 구상하는 BOX이고, 시행하는 BOX는 어드레스 후 곧바로 스윙을 하는 BOX입니다. 그런데 대개의 아마추어 골퍼들은 어드레스에서 '생각'을 합니다. 이것이 바로 몸에 힘이 들어가는 원인이 됩니다.

우선 티를 꽂은 다음, 뒤에서 위험 요소를 확인합니다.

드라이버 어드레스를 하는 바른 순서

공 앞쪽의 디봇이나 잔디 티끌 등을 이용해 목표 방향을 설정하세요. 그 다음, 두 발을 모으고 오른손으로 클럽페이스를 목표 방향에 맞게 정렬하세요. 그리고 사진과 같이 차례대로 자세를 잡아 어드레스합니다.

모든 생각은 티잉 그라운드 뒤에서 정리를 마치세요!
어드레스 후 생각이 많으면 온몸의 근육이 경직됩니다.

어드레스에 들어가면 생각한 대로 바로
시행하는 것이 중요합니다.

드라이버 준비자세

드라이버 슬라이스 – 원인을 알아야 바로잡을 수 있다!

"슬라이스 때문에 드라이버 치기가 겁나요"

아마추어 골퍼들이 드라이버 샷을 처음 칠 때 가장 많이 발생하는 구질이 슬라이스입니다. 보통 슬라이스 3년, 훅 3년이면 페어웨이로 공을 똑바로 칠 수 있다고 이야기하지요.
슬라이스가 발생하는 원인은 여러 가지가 있습니다.
이제부터 여러분의 슬라이스 원인은 무엇인지 함께 찾아봅시다!

드라이버 슬라이스 해결을 위한
그립

슬라이스가 많이 나는 골퍼들을 보면 잘못된 그립이 원인인 경우가 많습니다. 자신의 그립을 한번 더 체크해 보세요!

왼손 손바닥으로 위크 그립을 잡을 경우 슬라이스 발생!

양손 그립의 엄지와 검지가 이루는 V자 끝이 오른쪽 어깨를 향하도록 그립합니다.

BAD 아웃사이드 → 인으로 스윙하면 슬라이스 발생!

잘못된 어드레스 ①
오른쪽 어깨가 많이 나와 있는 어드레스는 스윙 궤도가 아웃사이드 → 인이 되기 때문에 슬라이스가 발생합니다.

잘못된 어드레스 ②
오른쪽 팔꿈치가 몸에서 떨어져도 어드레스 시 오른쪽 어깨가 나오게 됩니다.

드라이버 슬라이스 해결을 위한
테이크어웨이

왼쪽 어깨, 그립, 클럽헤드가 함께 움직이도록 합니다.

테이크어웨이 연습법

양쪽 겨드랑이가 너무 빨리 떨어지게 되면 백스윙이 아웃사이드로 되기 때문에 슬라이스가 날 수 있습니다. 수건을 겨드랑이에 끼고 연습을 하면 어깨 회전도 잘 이루어지고 백스윙도 바르게 될 수 있습니다.

클럽페이스가 볼을 보며 가는 느낌으로 테이크어웨이를 합니다.

테이크어웨이에서 클럽페이스가 너무 오픈되어도 슬라이스가 날 수 있습니다. 사진처럼 페이스가 공을 보며 가는 느낌으로 움직이면 슬라이스 방지에 도움이 됩니다.

드라이버 슬라이스 해결을 위한
백스윙

백스윙 시 머리를 살짝 움직임으로써 리버스 피봇 자세를 방지합니다.

✗ BAD 피봇 자세가 되면 스윙이 너무 가파르게 내려오게 되어 임팩트 시 릴리스가 되지 않습니다.

드라이버 슬라이스 해결을 위한
다운스윙

코킹을 유지한 상태로 다운스윙을 해야 합니다.

손목 코킹을 잘 유지한 상태로 다운스윙을 해야 거리를 많이 낼 수 있습니다. 사진과 같이 코킹이 빨리 풀려 버리면 거리와 방향 모두를 잃어버릴 수 있습니다.

코킹이 유지되어야 체중 이동이 자연스럽게 이루어집니다.

코킹이 풀리면 체중이 왼발로 이동되지 않고 오른발에 남아, 클럽페이스 안쪽에 볼이 맞으면서 슬라이스가 발생합니다.

다운스윙 연습법

골반에 클럽을 가로로 대고
회전 동작을 연습함으로써 다운스윙 시
힙을 바르게 회전하는 감각을 익힐 수 있습니다.

왼쪽 주머니가
뒤로 돌아가는 느낌으로
다운스윙을 합니다.

다운스윙 시에는 체중이 왼쪽
발로 이동되면서 왼쪽 힙(왼쪽
포켓)이 돌아가야 합니다.

힙이 뒤로 돌아가지 않고 왼쪽으로
지나치게 밀리게 되면 훅이 나거나
슬라이스가 발생할 수 있습니다.

드라이버 슬라이스 해결을 위한
임팩트 & 팔로스루

BAD 머리가 앞으로 나오면 클럽페이스 안쪽에 볼이 맞아 슬라이스가 나거나, 볼을 찍어치게 되어 높은 볼이 발생합니다.

공보다 머리가 앞에 나오지 않아야 합니다.

공 뒤에 티 또는 공을 놓고 임팩트 후에도 그것을 보고 있는 연습을 하세요.

좋은 임팩트는
볼의 방향과 거리를
좌우합니다.

임팩트 후 그립 끝이 배꼽을 향하도록 합니다.

손목의 힘을 빼고
임팩트 후 클럽헤드가
먼저 나가도록
릴리스합니다.

BAD 손이 먼저 나가면 안 됩니다.
왼손이 너무 강하면 릴리스가
되지 않아 슬라이스가 납니다.

드라이버 슬라이스 해결을 위한
피니시

피니시 연습법
백스윙과 다운스윙 없이 어드레스에서 바로 피니시 동작을 만드는 연습을 해봅시다.

어드레스 상태에서 바로 피니시로 가는 연습을 하면 자신의 몸이 피니시까지 어떻게 회전되는지 보다 정확히 느낄 수 있습니다. 자주 연습해 보세요.

오른발에 체중을 남기지
말고 왼발로 모두
이동시켜야 합니다.

체중이 오른발에
남아 있으면
슬라이스가
발생해 비거리가
떨어집니다.

BAD

드라이버 슬라이스 83

슬라이스 속성 교정법

필드에서 갑자기 슬라이스를 만나게 되면 당황하지 말고 이렇게 해보세요!

속성 교정법 ①

왼손을 스트롱 그립으로 잡습니다. 오른손 역시 엄지와 검지 사이에 나오는 V자 끝이 오른쪽 어깨를 향하도록 잡습니다.

IN-OUT 스윙이 만들어져
슬라이스를 방지할 수 있습니다.
과감하게 하세요!

속성 교정법 ②

사진과 같은 어드레스가 정상적인 어드레스이나, 슬라이스가 많이 나면 아래의 어드레스처럼 오른쪽 어깨를 뒤로 빼고 스윙을 해보세요. 백스윙이 인사이드로 이루어져 인사이드-아웃의 스윙 궤도가 만들어집니다.

오른쪽 어깨와
엉덩이를 뒤쪽으로
살짝 뺍니다.

GOOD

BAD

드라이버 슬라이스

드라이버 훅 – 필드에서 고치는 속성법

"악성 훅 때문에 마음 편할 날이 없어요"

드라이버 샷이 훅이 나는 이유는 슬라이스와 마찬가지로 여러 가지가 있습니다. 보통 이런 실수가 발생하는 것은 멀리 치고자 하는 마음! 강하게 때리고자 하는 마음이 앞서기 때문인데요. 지금부터 마음을 다스리고 자세를 다듬어서 훅을 극복해 봅시다!

드라이버 훅 해결을 위한
어드레스

체중을 과도하게 오른쪽에 두지 않도록 주의하면서 어드레스합니다.

체중이 지나치게 오른쪽으로 쏠리면 백스윙이 인사이드로 이루어져 훅이 발생할 수 있습니다. 페어웨이 우드 같은 경우에는 뒷땅을 치는 경우도 많습니다.

BAD

어드레스를 쉽게 하는 방법
그립을 잡은 후 양쪽 눈 사이에 샤프트를 똑바로 세우고, 그 상태로 클럽을 내려 어드레스하세요. 단순히 느낌만으로는 자신의 어드레스가 제대로 되었는지 확인하기 어렵습니다.

드라이버 훅 해결을 위한
테이크어웨이

**몸 뒤쪽으로 클럽헤드가
빠지지 않도록
테이크어웨이를 하세요.**
클럽헤드가 몸 뒤로 가면
훅이 나게 됩니다.

테이크어웨이 연습법

오른발 옆에 막대를 놓고 그 라인에 맞춰 테이크어웨이를 연습합니다.

BAD 잘못된 테이크어웨이는 훅을 발생시킵니다.

잘못된 테이크어웨이 ①
클럽페이스가 지나치게 닫혀서 올라가는 경우

잘못된 테이크어웨이 ②
머리가 지나치게 움직이는 경우

잘못된 테이크어웨이 ③
샤프트가 지나치게 처져 있을 경우

잘못된 테이크어웨이 ④
클럽헤드가 지나치게 손보다 뒤로 가는 경우

드라이버 훅 해결을 위한
백스윙

볼과 머리가 너무 멀어지면 안됩니다.

백스윙 시 머리가 볼에서 너무 멀어지면 스윙 궤도가 인사이드로 만들어집니다.

오른쪽 다리에 거의 모든 체중이 실립니다.

백스윙 연습법 ①

오른손 하나로 스윙하는 연습을 하면 오른쪽 팔꿈치가 몸 밖으로 빠지지 않습니다.

오른쪽 팔꿈치가 몸 안쪽에 있도록 백스윙 연습을 하세요.

드라이버 훅 해결을 위한
다운스윙

임팩트 시 머리가 볼보다 뒤쪽에 있을 때 임팩트가 이루어지는 것이 올바른 자세이기는 하나, 지나치게 오른쪽에 남아 있으면 훅이 발생합니다.

체중이 오른발에 남으면 안 됩니다.
체중 이동이 제대로 되지 않으면 머리가 지나치게 뒤에 남게 됩니다.

그립이 오른쪽 다리 앞에 왔을 때 클럽헤드는 볼과 스탠스 중앙에 위치해야 합니다.

클럽이 몸 뒤에서 오면 안 됩니다.
클럽헤드가 너무 뒤쪽에서 들어오면 뒷땅이 나면서 훅이 발생합니다.

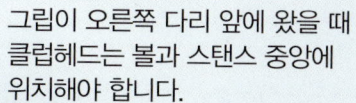

드라이버 훅 해결을 위한
임팩트

하체 위에 상체가 올바로 얹혀 있는 자세가 바른 자세입니다.

BAD 스트롱 그립으로 클럽을 닫고 임팩트하면 훅이 발생합니다.

BAD 임팩트 시 머리가 너무 뒤에 있어도 훅이 발생합니다.

드라이버 훅 해결을 위한
피니시

잘못된 피니시 ①
지나치게 높은 피니시는 임팩트 시 몸통 회전이 되지 않아 손목이 돌아가게 됩니다.

드라이버 장타 비법 – 멀리 보내고 싶다면 힘을 빼라

*"저도 가슴 뻥 뚫리는
드라이버 샷을 날리고 싶어요!"*

거리에 대한 고민은 골퍼들의 영원한 숙제입니다.
특히 드라이버 샷의 거리는 다음 샷의 클럽 선택에 중요한
영향을 미치는 만큼 절대 무시할 수 없습니다. 특히 남자들에게
드라이버 거리는 자존심이기도 합니다. 그럼 지금부터 필드에서
가슴을 쫙~ 펴고 당당하게 걸을 수 있는
드라이버 장타 비법을 배워 봅시다!

드라이버 장타 비법
프로는 장타를 치기 위해 힘을 뺀다

손목 힘을 최대한 빼야
최대의 힘을 헤드에서
얻을 수가 있습니다

그립에서 힘을 빼고
최대한 헤드 무게를
느끼는 스윙을 하세요.

드라이버 장타 비법
타이밍을 잡는 연습이 필요!

왼발을 들었다가 밟는 순간 임팩트가 되도록, 하나~둘 마음속으로 타이밍을 잡으며 스윙 연습을 해보세요.

동물적인 감각을 익혀 임팩트 순간 힘을 모을 수 있어야 합니다.

보통 골퍼들이 스윙하는 데 소요되는 시간은
1초 20~1초 25 정도입니다. 너무나 짧은 순간이기에
레슨으로 표현하는 데 한계가 있습니다.
타이밍을 잡는 연습 스윙을 통해 무의식적으로
바른 자세가 나오도록 해야 합니다.

낮은 탄도의 드라이버 샷 – 바람을 이기는 무기

"맞바람을 이기는 드라이버 샷을 날리고 싶어요"

맞바람이 불 때 드라이버 샷의 탄도가 높으면
거리의 손해를 많이 보게 됩니다. 그렇다면 방법은 무엇일까요?
바람의 영향을 덜 받는 낮은 탄도의 샷을 구사하는 것입니다.
스코어를 줄이기 위해서는 급변하는 상황에 맞추어
다양한 샷을 구사할 수 있어야 합니다. 한 단계 수준 높은 골퍼가
되기 위해 낮은 탄도의 드라이버 샷을 배워 봅시다!

낮은 탄도의 드라이버 샷

맞바람에서는 낮은 탄도의
드라이버 샷으로 거리를 냅니다.

어드레스

낮은 탄도의 볼을 칠 때
머리는 공보다 약간 앞쪽에
위치해야 합니다.

공이 오른쪽에 위치해 있으므로
스탠스, 몸의 방향은 목표보다
왼쪽으로 정렬합니다.

평소의 어드레스 모습

공은 스탠스 중앙 또는
중앙에서 오른쪽에
놓습니다.

피니시

스윙은 천천히 해야 합니다.
어드레스 시 머리가 볼보다 왼쪽으로 위치해 있으므로 임팩트, 피니시에서도 머리는 볼보다 왼쪽에 와 있어야 합니다.

임팩트 후 머리와 상체가 앞으로 나가는 피니시를 하세요!

높은 탄도의 드라이버 샷 – 바람을 이용하는 무기

"오르막 지형의 코스에서는 드라이버 거리가 안 나요"

산악 지형의 코스가 많은 우리나라에는 오르막 지형의 코스가 많습니다. 이러한 경우 탄도가 낮으면 코스의 경사에 걸려 그대로 멈추는 상황이 발생하게 됩니다.
바로 이럴 때 필요한 것이 높은 탄도의 드라이버 샷입니다.
탄도가 높으면 코스의 경사 정도는 가뿐하게 넘어갈 수 있겠죠?
그럼 지금부터 높은 탄도의 드라이버 샷을 배워 봅시다.

높은 탄도의 드라이버 샷

바람이 나의 든든한 지원군이 됩니다.

어드레스

뒷바람이 불 때,
페어웨이 경사가 높을 때
시도해 보세요!

평소보다 조금 높게
티를 꽂습니다.

공은 왼발 끝
앞쪽에 놓습니다.

피니시

피니시가 높아야 볼이 뜨므로 높은 볼을 칠 때는 피니시 또한 높게 해줍니다.

평소처럼 백스윙 후 역C자형 피니시 자세를 만듭니다.

페어웨이 우드 샷 – 미스 샷을 줄이는 방법

"페어웨이 우드 샷이 너무 어려워요! 어떻게 하면 잘할 수 있을까요?"

많은 사람들이 페어웨이 우드 샷을 할 때 다음의 두 가지 생각을 하게 됩니다. 하나는 페어웨이 우드가 티를 놓지 않고 치는 클럽 중에서 비거리를 가장 많이 낼 수 있는 클럽이라는 것과, 또 다른 하나는 볼이 페어웨이에 가라앉아 있기 때문에 볼을 띄워야 한다는 생각입니다. 하지만 이러한 생각이 바로 미스 샷을 유발합니다. 자, 지금부터 미스샷을 하지 않는 방법을 찾아봅시다!

페어웨이 우드 샷

어드레스

공을 멀리 그리고 높이 치려고 하면 몸에 힘이 들어가게 됩니다.
페어웨이 우드나 롱 아이언을 잡았을 때는 피칭웨지나 9번 아이언을 친다고 생각하고 스윙합니다.

공은 스탠스 중앙보다 왼쪽에 위치시킵니다.

테이크어웨이 때 몸에 힘이 들어가게 되면 클럽헤드가 높이 올라가게 됩니다. 이렇게 되면 백스윙이 가파르게 되면서 임팩트 때 볼을 찍어 치는 상황이 발생할 수 있습니다.

테이크어웨이

하나만 생각하고 샷을 하세요.
볼이 놓여 있는 곳에서 30cm씩 낮게 클럽을 가져간다는 생각으로 볼을 치게 되면 볼은 자연히 높이 뜨고 거리도 잘 나가게 됩니다.

피니시

임팩트 후 클럽헤드를 낮게 가져가면 피니시는 자연스럽게 사진과 같이 상체가 약간 앞으로 나간 자세를 취하게 됩니다. 페어웨이 우드 샷에서 이러한 피니시 자세가 나오면 좋은 볼을 칠 수 있습니다.

오른발이 높은 내리막에서의 어도레스

오른발이 높은 상황에서는 5번 우드나 로프트가 큰 클럽을 선택합니다.

오른발이 높은 내리막에서는 5번 우드를 선택합니다.

오른발이 높은 라이에서 3번 우드로 치게 되면 임팩트 순간 클럽페이스가 닫혀서 임팩트되기 때문에 낮은 탄도의 볼이 나가게 됩니다. 이때 5번 우드를 사용하면 공을 더 멀리 보낼 수 있습니다.

임진한의 골프가 쉽다

아이언 샷의 비밀

03

"온 그린을 위한 전략"

왼발이 낮은 내리막에서의 아이언 샷 – 경사지에서도 굿 샷을 날릴 수 있다!

"왼발이 낮은 라이에서 자꾸 뒷땅이 나요"

연습장과 같은 평평한 라이에서는 어떤 클럽을 잡더라도
마음이 편안합니다. 하지만 조금이라도 경사가 있으면
걱정이 앞서고 생각이 많아집니다.
바로 그 많은 생각이 미스 샷을 유발하게 되는데요,
방법만 정확히 알면 왼발이 낮건 높건
여러분의 샷은 정확하게 그린을 향해 날아갈 수 있습니다.

왼발이 낮은 내리막에서의 아이언 샷

`어드레스`

한 클럽 짧게 선택하세요.
오른발이 높은 상황에서는 다운스윙 시 클럽헤드가 세워진 상태로 임팩트되어야 하므로 한 클럽 짧게 잡는 것이 좋습니다.

공은 스탠스 중앙보다 오른쪽에 놓습니다.

피니시

상체가 앞으로 나오는 피니시
상체가 앞으로 나오는 피니시를 해야만 임팩트 후 클럽헤드가 지면에서 낮게 나갈 수 있습니다.

오른발이 앞으로 나가는 피니시

왼발이 낮은 내리막에서 클럽헤드를 낮게 가져가는 것이 어렵다면, 볼을 치고 난 뒤 앞으로 걸어가는 느낌으로 샷을 하면 클럽헤드를 지면에서 낮게 가져갈 수 있습니다.

왼발이 낮은 내리막에서의 아이언 샷

왼발이 낮은 내리막에서의 아이언 샷

왼발이 높은 오르막에서의 아이언 샷 – 경사지에서도 굿 샷을 날릴 수 있다!

"왼발이 높은 라이에서 자꾸
하이 볼이 발생해요"

경사지에서는 생각이 많으면 미스 샷이 유발된다고 말한 바 있습니다. 그리고 그와 더불어 미스 샷을 유발하는 또 하나의 심리적 원인을 꼽자면 경사지에서는 마음이 급해지고 스윙이 빨라진다는 것을 들 수 있습니다. 왼발이 높은 경사지에서도 상황을 판단하는 여유를 가지고 올바른 어드레스를 만들 수만 있다면 그린 공략에 아무런 제약이 없습니다.
지금부터 저와 함께 온 그린에 도전해 봅시다!

왼발이 높은 오르막에서의 아이언 샷

어드레스

어깨가 오른쪽으로
기울지 않도록
어드레스합니다.

**한 클럽 길게
선택하세요.**

왼쪽 발이 높은 상황에서는
임팩트 시 클럽페이스 로프트의
각도가 커지므로 한 클럽 길게
잡는 것이 좋습니다.

그립은 짧게 잡고 왼손
세 손가락을 단단히 잡습니다.

공은 스탠스
중앙에
위치시킵니다.

스탠스보다 공이 낮은 상황에서의 아이언 샷 – 공이 멀리 있다고 마음까지 멀어지면 안 된다!

"공이 스탠스보다 낮게 있으면 헛스윙을 하거나 탑핑이 나요"

공이 몸에서 멀어지면 불안해지는 것은 모든 사람의 심리입니다. 스탠스보다 공이 낮으면 낮을수록 불안한 마음은 더욱 커지지요. 바로 이 불안감이 헤드업을 유발하고 미스 샷을 발생시킵니다. 하지만 앞으로는 불안해하지 마세요! 공이 잔디 위에만 놓여 있다면 이 세상에 칠 수 없는 공은 없습니다. 지금부터 저와 함께 온 그린에 도전해 봅시다!

스탠스보다 공이 낮은 상황에서의 아이언 샷

어드레스

한 클럽 길게 선택합니다.
80~90%의 스윙을 할 수밖에 없으므로 한 클럽 길게 선택합니다.

평소보다 그립을 길게 잡습니다.
볼이 스탠스보다 낮은 위치에 있기 때문에 그립을 길게 잡는 것이 밸런스 유지에 좋습니다.

평소보다 넓게 서고 무릎을 많이 굽혀 주세요.

공은 스탠스 중앙에 위치시킵니다.

피니시

임팩트 후에도 오른발은 반드시 지면에 붙어 있도록 스윙하세요.

임팩트 시 오른발이 지면에서 떨어지면 하체가 많이 흔들리기 때문에 클럽페이스로 볼을 정확하게 맞힐 수 없습니다. 심하면 생크가 날 수도 있습니다.

80~90% 크기의 피니시 자세를 만듭니다.

스탠스보다 공이 높은 상황에서의 아이언 샷 – 쉽게 치려다가 어렵게 갈 수 있다!

"공이 스탠스보다 높게 있으면
자꾸 왼쪽으로 공이 가요"

공이 스탠스보다 높이 있을 경우는 그 반대의 경우보다
공을 치기가 쉽습니다. 하지만 쉽다는 생각 때문에 더 실수하게
되는 경우가 발생하지요. 공을 치는 게 편하고 쉬워 보이는
상황일수록 조심해야 하는 것들을 놓치면 안 됩니다.
지금부터 주의해야 할 점들을 꼼꼼히 체크하면서
저와 함께 온 그린에 도전해 봅시다!

스탠스보다 공이 높은 상황에서의 아이언 샷

어드레스

평소보다 한 클럽 길게 선택하세요.
스탠스가 나쁘기 때문에 평지처럼 풀스윙을 할 수 없습니다. 이러한 상황에서 풀스윙을 하면 훅이 발생합니다.

그립을 짧게 잡습니다.

공은 스탠스 중앙에 놓고 왼발은 완전히 오픈하세요.

왼발 오픈이 포인트!
왼발을 45° 이상 열어야 훅을 방지할 수 있습니다!

피니시

피니시가 중요합니다.

일반적인 스윙의 힘보다 70% 정도의 힘으로 스윙을 하세요. 힘이 많이 들어가면 사진과 같은 피니시가 이루어지지 않습니다.

임팩트 후 오른발 뒤꿈치를 지면에서 뗍니다.

디봇에서의 아이언 샷 – 불안함과 억울함이 실수를 만든다

*"공이 디봇에 들어가 있으면
무조건 한 타를 더 치게 돼요"*

흔히 디봇을 세상에서 가장 작은 해저드라고 합니다.
드라이버 샷을 잘 치고 기분 좋게 왔는데 공이 디봇에 있으면
정말 화날 때가 많죠? 바로 그 '화' 때문에 한 타를
더 치게 됩니다. 디봇이 어려워서가 아니라 우리의 마음이 이미
디봇에게 지고 있는 것이죠. 어렵다고 생각하지 마세요!
저와 함께하면 온 그린에 성공할 수 있습니다.

디봇에서의 아이언 샷

어드레스

한 클럽 짧게 잡습니다.
어드레스에서 클럽페이스를 닫으므로 한 클럽 짧게 선택해도 거리는 보통 때와 같은 거리가 납니다. 그러므로 한 클럽 짧게 잡아도 좋습니다.

그립은 짧게 잡고 클럽페이스는 약간 닫습니다.

평소 클럽페이스

목표보다 오른쪽으로 어드레스하세요.
어드레스 시 클럽페이스가 닫혀 있기 때문에 목표보다 오른쪽을 향하는 것이 올바른 어드레스가 됩니다.

라이 상황이 더욱 최악인 경우
그립을 더 짧게 잡고 클럽페이스를 더 닫아야 합니다! 그리고 클럽페이스를 닫은 만큼 더욱 오른쪽을 향해 어드레스해야 합니다.

생크 해결법 – 그 분을 몰아내자!

"어느 날 갑자기 그 분이 찾아왔어요.
생크 좀 잡아주세요!"

아, 가능하면 만나지 않는 것이 좋은 분을 만나셨군요.
하지만 피할 수 없다면 당당하게 맞서고
이미 찾아왔다면 깔끔하게 이별해야겠죠?
골퍼들에게 좌절과 실망을 안기는 생크,
저와 함께 극복해 봅시다!

백스윙이 처지면 생크 발생!

백스윙이 처지면 다운스윙 시 클럽이 지나치게 아웃사이드로 빠지기 때문에 페이스가 열린 상태로 임팩트되어 생크가 발생합니다.

클럽페이스 안쪽 샤프트 연결 부분에 볼이 맞았을 때 생크 발생!

임팩트 순간 클럽페이스가 열려서 볼이 맞게 됩니다.

생크 해결법

임팩트 순간 토우를 닫아줍니다.
생크는 클럽페이스가 열린 채 임팩트가 이루어져 발생하므로 생크가 심하면 임팩트 시 클럽페이스 토우를 닫으면서 임팩트해야 합니다.

생크 방지 연습법

발끝으로 공을 밟고 선 다음 체중을
발뒤꿈치에 두고 스윙하는 연습을 하면
머리가 앞으로 쏠리는 현상을
방지할 수 있습니다.

발끝으로 공을 밟고 서서 몸을 고정하고
작은 스윙 → 큰 스윙으로
토우를 돌리는 연습을 진행하세요.

원인을 알 수 없는 섕크는 연습 스윙으로 방지!

긴 풀에서의 아이언 샷 – 방법을 알면 샷이 쉬워진다!

*"깊은 러프에서는
샷을 어떻게 해야 하나요?"*

깊은 러프, 즉 긴 풀에서는 자신도 모르게 힘이 들어가게 됩니다.
풀의 저항을 이기기 위해 강한 샷을 해야 한다고 본능적으로
느끼기 때문입니다. 하지만 몸이 경직되면 항상 미스 샷이
발생한다는 점, 잘 알고 계시죠?
힘이 아닌 기술로 긴 풀에서 탈출해 봅시다!

긴 풀에서의 아이언 샷

한 클럽 짧게 선택하세요.
긴 풀에서는 임팩트 시 볼과 클럽헤드 사이에 풀이 끼어 스핀이 걸리지 않으므로 볼이 멀리 날아가 런이 많이 발생합니다. 그렇기 때문에 한 클럽 짧게 선택하는 것이 좋습니다.

왼손 세 손가락을 단단하게 잡고 손목의 힘을 뺍니다.
어깨와 손에 힘이 들어가면 안 됩니다.

어드레스

공 뒤 풀에 가장 가깝게 놓이도록 클럽페이스를 정렬합니다.

평소 클럽페이스의 어드레스

다운스윙

어드레스 시 클럽헤드가 놓였던 위치에 임팩트합니다.

GOOD　BAD

임팩트

긴 풀에서는 임팩트 순간 헤드가 돌아갈 수 있으므로 왼손 그립에서 엄지, 검지를 뺀 세 손가락을 조금 단단히 잡습니다.

피니시

풀이 길기 때문에 보통 때와 동일하게 클럽헤드를 어드레스하면 볼이 점점 잔디에 박힙니다.

이런 상황에서는 볼을 직접 치는 것이 아니라 잔디와 함께 볼을 쳐야 합니다. 뒷땅을 치면 거리가 안 나지 않을까 걱정을 하는데 이때는 오히려 거리가 많이 나갑니다. 일반적인 임팩트에서는 클럽의 그루브와 볼의 딤플이 접촉되면서 스핀이 걸리지만, 긴 풀에서는 볼과 헤드 사이에 잔디가 끼어 임팩트되기 때문입니다. 그로 인해 스핀 없이 볼이 날아가 런이 많이 발생하게 됩니다.

임진한의 골프가 쉽다

타수를 줄이는 어프로치 샷

04

"파 세이브를 위한 전략"

어프로치 샷 기본자세 – 가장 안정적인 작은 스윙

"정교한 어프로치 샷을 위한 기본자세를 알고 싶어요"

정확한 어프로치 샷은 타수를 줄이기 위한 필수 요소입니다.
프로 골퍼들도 가장 많이 연습하는 것이 바로 어프로치 샷인데요,
어떤 경우에는 300야드의 드라이버 샷보다
한 번의 어프로치 샷이 승부를 결정짓기도 합니다.
위기를 기회로 바꾸는 어프로치! 파 세이브를 위한 어프로치!
골퍼의 가장 큰 재산이 되는 어프로치 샷의 기본자세를
배워 봅시다.

어프로치 샷의 기본자세

어드레스

띄우고 굴릴 수만 있다면 어프로치의 달인이 될 수 있습니다.

클럽의 선택

클럽은 SW(샌드웨지), AW(어프로치웨지), PW(피칭웨지)로 나누어 선택하는데, 런이 필요하면 PW, 스핀이 필요하면 SW를 선택합니다.

그립은 손가락 4개 정도 짧게 잡습니다.

어프로치 샷도 체중 이동이 중요합니다.

머리는 공보다 약간 앞에 두고 스탠스는 평소보다 50% 정도 좁게 섭니다. 이렇게 어드레스해야 체중 이동을 용이하게 할 수 있습니다.

스탠스가 넓으면 체중 이동을 할 때 머리를 많이 움직이게 되어 정확한 임팩트가 어렵습니다.

공은 오른발 안쪽에 놓습니다.

가파른 백스윙을 합니다!

백스윙을 가파르게 하지 않고 지면에서 낮게 움직이면, 임팩트 시 클럽헤드가 가파르게 내려오지 못하고 지면에서 헤드가 높게 들리기 때문에 탑핑이나 뒷땅을 칠 수 있습니다.

백스윙

BAD
낮게 가는 백스윙은 실수를 유발합니다.

임팩트 임팩트 시 반드시
오른발 → 왼발로
체중 이동을 해야 합니다.
왼쪽 바지 포켓이 뒤로 돌아가야 합니다.

하체를 사용하지 않으면 제대로 된 스윙이 나오지 않습니다.

피니시

임팩트 후 손이 돌아가면 안됩니다.

클럽페이스가
하늘을 보게
피니시합니다.

머리를 남기려고 하지 말고 자연스러운 피니시를 하세요.

임팩트 후 목표 지점을 봐도 좋습니다.

너무 억지로 헤드업을 막으려고 하면 거리를 맞추기 힘듭니다. 볼을 맞히고 나면 자연스럽게 헤드업을 해도 좋습니다.

어프로치 샷

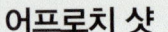

어프로치 샷에서도
체중 이동을 하면서 최대한
헤드 무게로 스윙해야 합니다.

런닝 어프로치 샷 – 홀을 공략하는 가장 확실한 방법

*"굴리는 어프로치 샷은
어떤 상황에서 해야 하나요?"*

그린에 가까이 갈수록 로프트가 작은 클럽으로 공격하라는
말이 있습니다. 이 말은 그린 근처에서 공을 굴릴 수 있는
상황이라면 무조건 굴리는 어프로치 샷을 구사하라는 의미입니다.
홀을 공략하는 가장 확실한 방법이 되는 런닝 어프로치 샷!
지금부터 확실한 파 세이브를 위한
런닝 어프로치 샷 비기를 배워 봅시다.

핀이 뒤쪽에 위치한 상황이라면 러닝 어프로치 샷!

`어드레스`

공은 오른발 안쪽에 놓습니다.

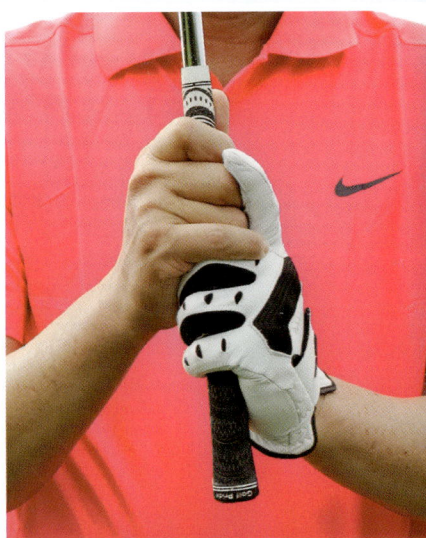

클럽의 선택

그린 상황과 거리에 따라 7번 또는 8번 아이언 가운데 선택합니다. 런이 많이 필요한 상황이면 로프트가 없는 클럽을 선택하고, 런이 많이 필요하지 않은 상황이라면 로프트가 큰 클럽을 사용하는 것이 좋습니다.

자신이 잡는 퍼팅 그립으로 짧게 그립을 잡습니다.

`피니시`

하체의 체중 이동이 원활한 스윙을 만든다!

임팩트 전에 왼쪽 손목이 꺾어지면 클럽페이스의 각도가 커지기 때문에 볼의 런이 적어질 수 있습니다.

체중 이동이 안 되었을 때의 피니시 자세

BAD 체중 이동을 하지 않으면 헤드가 지면에서 높아집니다.
헤드가 높아지면 좋은 샷이 나올 수 없습니다.

사진처럼 손목에 티를 꽂고 연습을 하면 손목의 꺾임을 방지할 수 있습니다.

손목이 꺾이지 않게 유지하며 임팩트!

BAD

러닝 어프로치 샷

긴 풀에서의 어프로치 샷 - 긴 풀에 갇힌 공을 구하라!

"긴 풀에서의 어프로치 샷은
어떻게 해야 하나요?"

긴 풀에 공이 잠겨 있는 경우는 정확한 임팩트를 하기가
까다롭습니다. 그래서 집중력과 기술, 두 가지가 모두 필요하지요.
아차 하는 순간 실수가 나올 수 있는 긴 풀에서의 어프로치 샷!
방법을 알고 정확히 실행할 수만 있다면 여러분의 공은
홀을 향해 날아갈 것입니다.

긴 풀에서의 어프로치 샷

로프트가 가장 큰 클럽을 선택하세요.
보통 샌드웨지의 로프트가 56°인데, 60° 클럽이 있다면 60° 클럽을 선택해 주세요.

왼손 세 손가락 그립을 단단히 잡습니다!
풀이 길기 때문에 그립을 느슨하게 잡으면 임팩트 시 헤드가 돌아가게 되고 방향성이 나빠집니다.

어드레스

긴 풀에서 평범한 어드레스를 하면 볼은 점점 풀 깊숙이 박히게 되고, 임팩트 시 긴 풀 때문에 볼을 직접 칠 수가 없습니다. 이런 상황에서는 볼 뒤를 쳐야 볼이 뜨므로 볼 뒤 풀에 클럽페이스를 가장 가깝게 놓되, 볼이 움직이지 않을 정도의 뒤쪽에 놓는 것이 좋습니다.

BAD 보통 때와 동일하게 어드레스하면 볼이 풀에 박히게 됩니다.

백스윙

백스윙 시 클럽페이스는 정면을 향하도록 합니다!

BAD 클럽페이스가 조금 엎어지면 임팩트 시 헤드가 잔디에 박히게 되어 볼이 잘 뜨지 않고 원하는 거리를 내지 못합니다.

임팩트

백스윙과 임팩트 시 클럽페이스가 하늘을 보고 있는 것이 중요합니다.

처음 어드레스했던 위치에서 임팩트합니다!

긴 풀에서의 어프로치 샷

벙커 샷과 같은 느낌으로 볼 뒤 잔디를 쳐서 클럽페이스가 잔디에 미끄러지며 피니시가 이루어져야 합니다.

피니시를 많이 하려고 하지 말고 임팩트 순간 어드레스 시의 헤드 위치에서 끊어치듯 조금 강하게 치면 볼이 잘 빠져나갑니다.

로브 샷 - 아름다운 독!

"장해물을 넘기는 멋진 로브 샷을 배우고 싶어요"

어프로치 샷 중에 가장 화려한 쇼를 보여주는 것이
바로 로브 샷입니다. 특히 프로 골퍼들의 로브 샷은 감탄이 절로 나죠?
하지만 멋있다고 해서 무조건 로브 샷을 시도하면 안 됩니다.
어프로치 샷 중 가장 어려운 기술이 바로 로브 샷이기 때문이죠.
반드시 필요한 상황에서만 시도하세요!
무분별한 로브 샷은 독이 될 수도 있습니다!

로브 샷이 필요할 때

로브 샷은 클럽페이스를 열고 임팩트함으로써
볼을 띄우는 샷입니다.

로브 샷은
장해물이 그린을 막고 있거나
그린이 완전히 내리막이거나
그린이 높을 때 유용합니다.

로브 샷을 하는 방법

로프트가 가장 큰 클럽을 선택합니다.
로프트가 큰 클럽일수록 볼이 높이 뜨고 런이 없으므로 자신이 가진 클럽 중 로프트가 가장 큰 클럽을 선택합니다.

클럽페이스를 오픈합니다.
오픈된 클럽을 잡고 들어 올리면 사진과 같이 페이스가 오픈된 것을 확인할 수 있습니다.

어드레스

공은 스탠스 중앙에 놓습니다.

백스윙

로브 샷은 볼을 띄우는 샷입니다.

클럽페이스를 열고 임팩트한다는 점에서 벙커 샷과 방법은 같지만, 벙커 샷은 볼 뒤 모래를 치는 샷이고 로브 샷은 볼을 직접 치는 샷입니다. 클럽페이스 뒷부분인 바운스로 볼이 놓여 있는 잔디를 치면 좋은 결과를 얻을 수 있습니다.

먼저 바운스의 위치를 확인하세요!

바운스가 어디인지 알았다면 이제 토우를 열면서 바깥쪽으로 백스윙을 합니다.

피니시

로브 샷은 손목 힘이 강하면 안 됩니다.

볼은 항상 헤드 무게로 쳐야 합니다. 숏게임에서 손의 힘으로 치게 되면 거리감도 없어지고 좋은 샷이 나올 수 없습니다. 어려운 샷일수록 손목의 힘을 빼야 합니다.

헤드 무게로 떨어지는 임팩트 후 클럽페이스가 하늘을 보는 팔로스루를 합니다.

로브 샷

임진한의 골프가 쉽다

위기를 기회로! 벙커 샷

05

"모래와의 전투"

벙커 샷의 기본자세 – 전투 앞에 당당한 용사가 되자!

*"벙커만 만나면
작아집니다"*

많은 아마추어 골퍼들이 벙커를 두려워합니다.
그리고 그 두려움을 안고 벙커에 들어가면 스윙은 경직되고
벙커 탈출은 남의 나라 이야기가 됩니다.
벙커에서는 기술보다 앞서는 것이 바로 '자신감'입니다.
자신감 있는 벙커 샷을 위한 기본자세를 함께 배워 봅시다.

다운스윙

손목의 힘을 최대한 빼고 헤드 무게로 다운스윙합니다.

임팩트

임팩트 순간 머리는 공 위에 있어야 합니다!
벙커는 앞쪽이 높기 때문에 볼을 띄우려고 하면 머리가 지나치게 뒤로 남아 오히려 볼이 뜨지 않습니다. 머리가 볼보다 조금 왼쪽으로 나가 있어야 정확한 다운스윙을 할 수 있습니다.

지나치게 공 뒤를 가격하지 않도록 합니다.

머리가 뒤로 치우치면 안됩니다.
머리가 뒤쪽에 많이 치우쳐 너무 공 뒤쪽 모래를 치게 되면 헤드로 공을 직접 쳐 버리게 될 수 있습니다. 또한 모래가 부드러울 경우 헤드가 모래에 박혀 공을 정확하게 맞히지 못하고 다시 벙커로 공이 들어올 수 있습니다.

벙커 샷의 기본자세 197

팔로스루 & 피니시

가장 중요한 것은 클럽을 일자로 세우는 피니시!

클럽을 일자로 세우는 피니시가 나와야 볼을 벙커에서 탈출시킬 수 있습니다.

반드시 손보다 클럽헤드가 먼저 가도록 팔로스루!

벙커 샷은 철저히 헤드 무게를 이용해야 합니다. 이를 위해서는 손목에 힘을 빼고 임팩트 후 헤드가 먼저 나가게 해야 합니다.

손이 먼저 나가면 헤드 무게를 느낄 수 없습니다.

피니시 확인법

임팩트 후 그립의 끝이 화살표 쪽으로 향해야 합니다. 손목 힘을 빼고 스윙의 밸런스를 잘 맞추면 이러한 피니시 자세가 나오게 됩니다.

벙커 샷

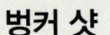

벙커 샷의 기본자세

한쪽 발이 높은 상황에서의 벙커 샷 – 경사지에서 당황하지 말자!

"경사지에서의 벙커 샷이 너무 어려워요"

그냥 벙커 샷도 어려운데 경사지까지 만나게 되면 아마추어 골퍼들은 그야말로 좌절하게 됩니다.
하지만 이 세상에 탈출하지 못할 벙커는 없습니다.
자신 있는 경사지 벙커 탈출, 지금 시작해 보시죠!

임팩트

체중을 왼발로 이동시키며 임팩트합니다.

피니시

피니시는 생략합니다!
앞쪽 경사가 높기 때문에 피니시를 너무 많이 하려고 하다 보면 임팩트 시 상체가 지나치게 오른쪽으로 갈 수 있고, 앞쪽 경사지에 헤드를 부딪혀 손목 부상을 입을 수도 있습니다.

오른발이 높은 상황에서의 벙커 샷

벙커 샷 중에서 가장 어려운 샷입니다.
이런 경우 볼이 뜨지 않기 때문에
정확한 어드레스가 중요합니다!

그립은 짧게
잡습니다.

클럽의 선택
로프트가 가장 큰 클럽을 선택하세요.

머리는 공보다 앞에 위치시키고 오른쪽 어깨를 약간 높게 어드레스합니다.

오른발이 높은 경사에서 백스윙 시 머리가 오른쪽으로 움직이면, 뒷땅을 치고 헤드가 모래에서 튕겨 탑핑이 날 수 있습니다.

백스윙

가파르게 백스윙하고 헤드 무게로 임팩트합니다.

머리 아래에 꽂아둔 막대를 기준 삼아 백스윙 시 머리를 오른쪽으로 움직이지 않도록 연습합니다.

피니시

임팩트 후 체중은 반드시 왼발로 이동해야 합니다!

이런 상황의 벙커 샷은 스핀이 걸리지 않고 런이 많다는 점을 기억하세요!

임팩트 후 머리가 왼쪽으로 나가야만 낮은 피니시를 할 수 있으며, 왼쪽 지면이 낮으므로 임팩트나 임팩트 후 헤드가 반드시 낮게 나가야 좋은 샷이 나올 수 있습니다.

한쪽 발(오른발)이 높은 상황에서의 벙커 샷

왼발이 높은 상황에서의 벙커 샷

오른발이 높은 상황에서의 벙커 샷

한쪽 발이 높은 상황에서의 벙커 샷 **211**

모래에 박힌 벙커 샷 – 모래에 묻힌 공을 구하라!

"Help me! 벙커에 공이 박혔어요~"

벙커에서 가장 난감할 때가 바로 흔히 말하는 '에그 프라이' 상황입니다. 그냥 벙커 샷도 어려운데 박히기까지 하면 정말 앞이 깜깜해집니다. 하지만 공이 박힌 상황에서도 방법만 알면 얼마든지 탈출할 수 있습니다.
진 사라센(Gene Sarazen)이 말했듯 벙커 샷은 '실행하는 용기'가 중요합니다!

모래에 박힌 벙커 샷

일반적인 벙커 샷과 달리 리딩에지로 임팩트합니다!

어드레스

클럽의 선택
클럽은 SW를 선택하는 것이 좋습니다.

아마추어 골퍼들이 두려워하는 상황
모래에 박힌 공은 헤드의 리딩에지가 모래를 파고 들어가야 합니다. 그래서 어드레스 시 헤드를 완전히 닫아놓고, 그 모양 그대로 공 뒤 모래를 쳐줍니다.

공을 왼쪽으로 보내는 느낌으로 클럽페이스를 닫아야 합니다.

평소 클럽페이스

공은 스탠스 중앙에서 공 한 개 정도의 간격만큼 오른쪽에 위치시킵니다.

모래에 깊이 들어가야 하기 때문에 클럽페이스를 닫아야 합니다! 절대 훅이 발생하지 않으니 걱정마세요!

백스윙

가파르게 백스윙을 합니다.

🟠 임팩트

클럽헤드를 모래에 깊이 박아 주세요.

그러면 공은 벙커에서 탈출합니다. 꼭 알아두어야 할 것은 런이 많이 발생한다는 점입니다.

🟠 피니시

모래를 깊이 쳐주는 임팩트 후, 클럽이 가는 대로 피니시하세요.

페어웨이 벙커 샷 – 어려운 샷일수록 스윙은 천천히!

"페어웨이 벙커에서도 그린을 노릴 수 있나요"

물론 온 그린을 노릴 수 있습니다!
페어웨이 벙커에서 멋진 샷으로 온 그린에 성공한다면
그날은 당신에게 최고의 라운드가 될 것입니다.
아마 베스트 스코어를 칠 수 있을지도 모르겠습니다!
내 생애 최고의 라운드를 만들기 위해
페어웨이 벙커에서의 온 그린에 도전해 볼까요?

페어웨이 벙커 샷

어드레스

평소보다 한 클럽 길게 선택하세요.

모래에서 힘찬 스윙을 하면 스탠스가 미끄러질 수 있으므로 보통 때보다 부드럽게 스윙해야 합니다. 그러므로 클럽은 한 클럽 길게 잡는 것이 좋습니다.

리딩에지로 탑핑 볼을 쳐야 합니다!

모래에 발을 묻고 그립은 짧게 잡습니다.

공은 스탠스 중앙에 위치시킵니다.

페어웨이 벙커 샷 **217**

탑핑 볼을 친다는
생각으로 샷을 하세요!

백스윙

스윙 리듬은
천천히!

어드레스 시
클럽페이스는
똑바로 정렬하세요.

> **피니시**

공 중앙을 임팩트해서 피니시 자세를 잘 잡아야 합니다! 절대 모래를 치면 안 됩니다!

보통 샷보다 30% 정도 힘을 뺀다는 느낌으로!

이런 상황에서는 몸에 힘이 많이 들어가기 쉬우므로 어깨와 등의 힘을 빼도록 노력해야 합니다. 연습 스윙 시 피니시를 잡고 3초 정도 중심을 잡은 다음, 방금 한 피니시를 다시 만드는 느낌으로 스윙하면 몸의 힘을 뺀 좋은 샷을 만들 수 있습니다.

임진한의 골프가 쉽다

스코어를 줄이는 퍼팅

06

"홀의 전쟁"

퍼팅의 기본자세 – 기본부터 점검하자!

"퍼팅 스트로크에도 정석이 있나요?"

골프의 모든 스윙 중 퍼팅만큼 자유로운 것은 없습니다.
그리고 골퍼에게 가장 많은 고민을 안기는 것 역시 퍼팅이지요.
다양한 디자인의 퍼터만큼 퍼팅 스트로크 방법 또한
개인마다 각양각색입니다. 하지만 어떤 그립을 잡건
어떤 스트로크를 하건, 정확성을 위해 반드시 지켜야 하는
자세는 분명히 있습니다! 지금부터 여러분의 퍼팅 자세를
한번 점검해 볼까요?

퍼팅 스트로크의 기본자세

왼쪽 눈이 주시일 경우
왼쪽 눈에서 공을 떨어뜨려 그 지점에 공을 놓으세요.

오른쪽 눈이 주시일 경우
오른쪽 눈에서 공을 떨어뜨려 그 지점에 공을 놓으세요.

자신의 주시를 확인해 봅시다!
한 눈씩 가려서 봤을 때 초점이 정확한 눈이 주시!

주시에 따른 스탠스를 선 후 어드레스!
퍼팅 스탠스의 너비는 본인이 편한 대로 조절하면 됩니다.

백스윙 낮게 백스윙하고 똑바로 스트로크하도록 집중하세요!

오른쪽 팔꿈치를 몸에 붙인 채로 스트로크해야 합니다.

임팩트 후에도 오른쪽 팔꿈치를 붙이고 있어야 합니다!

임팩트

볼은 헤드 무게로
때리는 게 좋습니다!

피니시

**임팩트 후에도 처음의
머리 위치를 그대로 유지하세요.**

퍼팅 역시 피니시가 있어야 합니다. 하지만
임팩트 시 머리가 앞으로 나가면 피니시가
제대로 이루어지지 않습니다.

퍼팅 연습법
겨드랑이에 막대를 끼우고 몸의 좌우 선상에서만 막대가 움직이도록 퍼팅 연습을 합니다.

오른쪽 팔꿈치를 붙이고 퍼팅하면 방향성이 좋아집니다.

BAD 겨드랑이에 끼운 막대가 몸의 앞뒤로 움직이면 헤드가 똑바로 움직이지 않는다는 뜻입니다.

몸의 긴장을 풀고 편안한 마음으로 스트로크해야 좋은 결과를 얻을 수 있습니다.

꼭 성공해야 한다는 심리적 부담을 가지거나 오른쪽 팔꿈치가 몸에서 많이 떨어지면, 몸에 힘이 들어가게 되어 이러한 자세가 나옵니다.

퍼팅 스트로크

'하면 안 된다'는 속설에 얽매이지 말고 자신이 가장 편한 스트로크를 하세요!

'이만큼의 백스윙을 하고 이 정도의 힘으로 치면 볼을 목표까지 보낼 수 있을 것이다'라는 본인의 느낌을 믿고 스트로크하면 좋은 결과를 가져올 수 있습니다.

롱 퍼팅과 숏 퍼팅 – 연습만이 살 길!

"퍼팅 거리감을 모르겠어요"

퍼팅에서 정확한 방향성과 함께 중요한 것이 바로 '거리감'입니다.
이것은 기술을 안다고 해서 되는 것이 아니라 스스로 노력해서
얻어야 하는 것입니다. 특히 퍼팅은 1주일에 한 번 3시간 연습하는
것보다 10분씩이라도 매일 연습하는 것이 훨씬 많은 도움이 됩니다.
퍼팅을 잘 하는 비법을 찾아다닐 시간이 있다면
그 시간에 한 번이라도 더 연습을 하세요!
그것이 퍼팅의 달인이 되는 지름길입니다.

롱 퍼팅 포인트

힘으로 볼을 치면 거리를 맞추기 힘들어집니다.
손목을 너무 안 쓰려고 하다 보면 힘으로 볼을 치게 될 수 있습니다.

롱 퍼팅은 손목 사용이 필수입니다!

숏 퍼팅 포인트

거리감이 있어야 숏 퍼팅도 좋아집니다.

코스에 나갔을 때 조금 일찍 도착해 롱 퍼팅을 연습하세요.
20~30m를 계속해서 연습하다 보면 자연스럽게
거리감이 좋아집니다.

스위트 스폿으로 맞히는 것이 중요합니다.

GOOD

BAD

헤드 무게로 때리는 임팩트를 하세요.

꼭 넣어야 한다는 생각을 버리세요!

'이 정도 퍼팅이면 어느 정도 거리가 날 것이다'라는 자신의 감각을 믿고 헤드를 좌우로 흔드는 느낌으로 스윙을 하세요.

임팩트 후 머리는
그 자리에 유지하세요!

BAD 머리가 따라가면 안 됩니다!

입스 해결법 – 불안함을 이겨내라!

"퍼팅 입스가 와서 고민입니다"

프로 골퍼들에도 찾아오는 무서운 입스(Yips).
공을 보면 순간 깜짝 놀라며 힘이 들어가는 퍼팅을 입스라고
하지요. 한 번 입스가 오면 퍼팅 스트로크를 제대로 할 수가
없습니다. 이것은 육체적인 문제가 아닌 심리적인 문제로 인한
퍼팅 장애 현상이기 때문에 마음의 불안을 치료해야
입스에서 벗어날 수 있습니다.
지금부터 입스를 이겨내는 방법을 배워 봅시다!

입스, 부드러운 스트로크가 필수

홀컵을 보면서 스윙

공이 아니라 홀 또는 홀 반대쪽을 보고 이미지로 스트로크하세요.

자신의 머릿속에서 느끼는 거리감 그대로 스윙을 하세요. 그것이 가장 부드러운 스윙을 만들어 줍니다.

홀이 아닌 반대쪽 보고 스윙

어드레스 후 눈을 감고 스트로크하는 것도 좋은 방법입니다.

백스윙 시 클럽헤드는 반드시 오픈된 상태여야 합니다.

클럽헤드가 닫히면서 백스윙이 되면 정확한 스트로크가 이루어지지 못하고 볼의 방향성이 떨어져 미스가 발생합니다.

임진한의 골프가 쉽다

부록 **07**

필드 밖에서 하는 연습법 & 라운드 기본 에티켓

필드 밖에서 하는 연습법 – 기본 스윙을 만들어 보자!

*"골프를 잘 치고 싶으세요?
그렇다면 하루 1시간만
투자하세요!"*

지금 소개하는 세 가지 연습법을 집이나 사무실에서
매일 꾸준히 연습하면 연습장을 가지 않아도
핸디캡을 유지하면서 좋은 골프를 할 수 있습니다!
이 책에 있는 그 어떤 샷 요령보다 이 세 가지 방법만 기억하고
연습하면 여러분의 골프는 분명히 달라집니다!
골프를 잘 치고 싶으세요? 그렇다면 하루 1시간만 투자하세요!

실력을 향상시키는 기본기 연습

비거리를 늘리는 연습

마음속으로, 백스윙 시 왼발을 들면서 하나를 외치고 왼발을 밟으면서 둘을 외치세요. 그러면 스윙 타이밍도 자연스럽게 맞춰지게 됩니다.

스탠스를 좁히고 왼발을 들었다가 다시 힘차게 밟으면서 임팩트한다는 생각으로 연습하세요.

공이 맞는 순간 체중과 헤드 무게를 공에 실을 수 있는 연습 방법입니다! 한 달만 하면 비거리를 20~30미터 늘릴 수 있습니다.

몸통 회전 연습

어드레스를 한 다음 두 손을 교차시켜 가슴에 얹은 상태로 백스윙 → 피니시!
반복 연습하면 유연성을 향상시키는 데 많은 도움이 됩니다.

다운스윙 시 손목 각도를 유지하는 연습

클럽 두 개를 연결해 백스윙 시 손목 각도를 끝까지 유지하는 연습입니다.
거리와 방향성 향상에 매우 좋습니다.

한 달만 하면
임팩트가
달라집니다!

필드 밖에서 하는 연습법 243

라운드 기본 에티켓

01 클럽 하우스에는 1시간 정도 미리 도착하여 여유 있게 준비하고, 티업에 늦지 않도록 인코스와 아웃코스를 미리 확인해둡니다.

02 골프를 시작하기 10분 전쯤 스타트 홀에 모여 함께 게임하는 사람들과 간단한 인사를 나눕니다. 초면인 경우 자신을 먼저 소개합니다.

03 남성의 경우, 덥더라도 반바지 차림은 가급적 피하고 수건을 허리춤에 달고 다니거나 상의 단추를 풀어헤치는 등 단정치 못한 차림 역시 삼가야 합니다. 여성의 경우에도 민소매나 노출이 지나친 옷은 피하는 것이 좋습니다.

04 골프 시작 전에 필수품을 확인해둡니다. 볼은 1~2개 정도 소지하고 캐디백에도 넉넉하게 넣어둡니다. 티 페그와 마커도 2~3개 정도 준비하여 파트너에게 빌리는 일이 없도록 합니다.

05 코스 내에서 볼이 바뀌는 일이 없도록 출발 전에 서로의 볼을 확인합니다.

06 티잉 그라운드에서 티샷을 할 때에는 순서에 따라 차례대로 올라가되, 플레이어 외에 다른 사람들은 올라가지 않습니다.

07 연습 스윙을 할 때에는 절대 사람을 향해서 스윙하면 안 됩니다. 아무 곳에서나 함부로 연습 스윙을 해서도 안 되며, 파트너가 스윙을 하는 동안 옆에서 연습을 하는 것도 실례입니다.

08 상대방이 샷을 할 때는 조용히 지켜봅니다. 큰소리로 떠들거나 전화 통화를 하는 등 소란을 피우면 안 됩니다.

09 상대방이 볼을 칠 준비를 할 때, 샷을 하는 방향 앞에 서 있거나 그림자를 드리워 스윙을 방해하면 안 됩니다.

10 샷을 할 때에는 자신의 차례에 대비하여 미리 칠 준비를 해두고, 너무 오랜 시간을 지체하는 일이 없어야 합니다.

11 샷을 하고 난 후, 디봇이 생겼다면 디봇 자국을 원 상태로 복구해 놓아야 합니다.

13 자신의 공이 불리한 위치에 있다고 해서 파트너의 동의 없이 공을 몰래 옮겨 플레이하거나, 자신이 가지고 있는 다른 공을 놓고 플레이하는 것은 절대 안 됩니다.

12 자신의 플레이가 안 풀린다고 화를 내거나 불쾌감을 드러내면 안 됩니다. 또한 자신의 플레이가 순조롭게 진행되고 파트너의 플레이가 잘되지 않는다고 즐거워하는 것 또한 매너에 어긋납니다.

15 벙커에 들어가서 생긴 자신의 발자국은 깨끗이 복구해 놓아야 합니다.

14 벙커에서 플레이를 할 때에는 벙커에서 공까지의 최단 거리를 통해 들어가되, 벙커 턱이 높은 곳에서부터 들어가지 않도록 주의합니다.

17 볼이 옆 홀로 날아가는 경우, 옆 홀에서 플레이하는 사람들에게 "볼" 또는 "포어"라고 외쳐 볼이 날아간다는 경고를 해주어야 합니다.

16 파트너가 멋진 플레이를 했다면, "나이스 샷"과 같은 축하 인사를 건네는 것이 예의입니다.

18 그린 위에서는 절대로 뛰면 안 됩니다. 그린에 스파이크 자국을 내거나 클럽을 떨어뜨려 그린을 손상시키지 않도록 주의합니다.

19 파트너의 플레이를 보고 단점을 지적하거나 비웃지 않습니다.

20 샷을 하고 이동할 때에는 신속하게 이동합니다.

22 스윙을 할 때에는 항상 전후좌우를 살펴 예상치 못한 사고가 발생하지 않도록 주의합니다.

21 같은 홀에서 자신의 팀보다 먼저 플레이하고 있는 팀이 있다면 신경 쓰이지 않도록 멀찌감치 서서 순서를 기다립니다.

24 파트너의 공이 해저드 부근에서 사라진 경우에는 함께 찾아줍니다.

23 필드 내에서 스윙에 방해가 된다는 이유로 나뭇가지를 꺾는 등 골프장을 훼손시키는 행동을 해서는 안 됩니다.

26 앞선 팀에서 자신의 플레이에 대한 축하를 하면, 감사의 응답을 합니다.

25 볼 마크를 할 때에는 볼 뒤에 마커를 놓은 다음 볼을 집어 듭니다. 마크를 하면서 몰래 볼을 움직인다거나 볼을 먼저 집어 들고 마크를 하면 안 됩니다.

27 스코어에 너무 연연하지 않습니다. 특히 자신이 이번 홀에서 보기인지 더블보기인지, 파트너에게 물어보는 실례는 범하지 말아야 합니다

28 코스 진행 속도가 늦거나 볼을 찾는 데 시간이 걸리는 경우, 다음 팀이 먼저 지나갈 수 있도록 제의해야 합니다.

29 코스 내 한 지점에서 사용할 클럽을 2~3개 정도 준비해서 갑니다. 스윙 전에 클럽을 바꿔야 한다며 카트가 있는 곳까지 우왕좌왕 움직이는 일이 없어야 합니다.

30 파트너의 퍼팅이 끝나지 않았는데 자신이 홀 아웃을 했다고 해서 다음 홀로 이동하면 안 됩니다. 끝까지 파트너의 플레이를 지켜보고 함께 이동합니다.

31 파트너가 퍼팅을 준비할 때, 파트너의 퍼팅 라인에 서 있으면 안 됩니다.

32 퍼팅이 너무 아쉽게 들어가지 않는다고 할지라도 그린에서 연습 퍼팅은 하지 않습니다.

33 클럽 하우스나 식당에서는 모자를 벗는 것이 예의입니다.

34 게임에 동반한 캐디에게 나이가 어리다고 반말을 하는 등 인격적인 무시를 하거나, 자신의 플레이를 잘 봐주지 못했다는 등 예의에 어긋나는 언행을 하지 않도록 합니다.

35 라운드를 다 마치고 나면 캐디와 파트너에게 "고맙습니다"와 같은 인사말을 건네며 감사의 표시를 하는 것이 좋습니다.

임진한의 골프가 쉽다

1판 1쇄 | 2014년 4월 30일
1판 9쇄 | 2025년 11월 10일
지 은 이 | 임 진 한
발 행 인 | 김 인 태
발 행 처 | 삼호미디어
등   록 | 1993년 10월 12일 제21-494호
주   소 | 서울특별시 서초구 강남대로 545-21 거림빌딩 4층
           www.samhomedia.com
전   화 | (02)544-9456
팩   스 | (02)512-3593

ISBN 978-89-7849-509-7 (13690)

Copyright 2014 by SAMHO MEDIA PUBLISHING CO.

※ 출판사의 허락없이 무단전재와 무단 복제를 금합니다.
※ 잘못된 책은 구입처에서 교환해드립니다.